I0814075

DES SQUELETTES
EFFRAYANTS MAIS INTÉRESSANTS

Alan Walker

Un livre de la collection
Les jeunes plantes de Crabtree

Crabtree Publishing
crabtreebooks.com

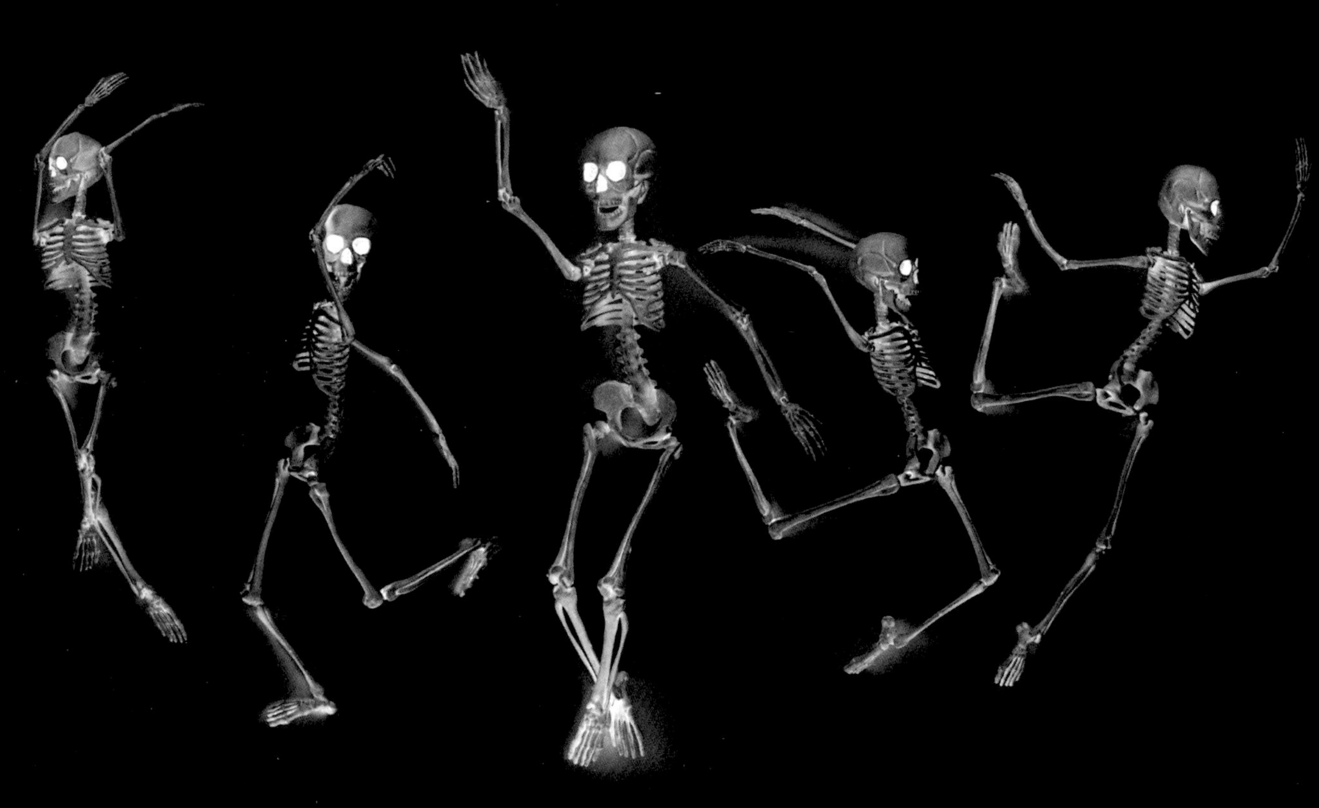

TABLE DES MATIÈRES

Pourquoi avons-nous besoin d'un squelette?

Les humains et les animaux ont des organes qui les gardent en vie. Le cœur est un organe qui pompe le sang jusqu'aux poumons.

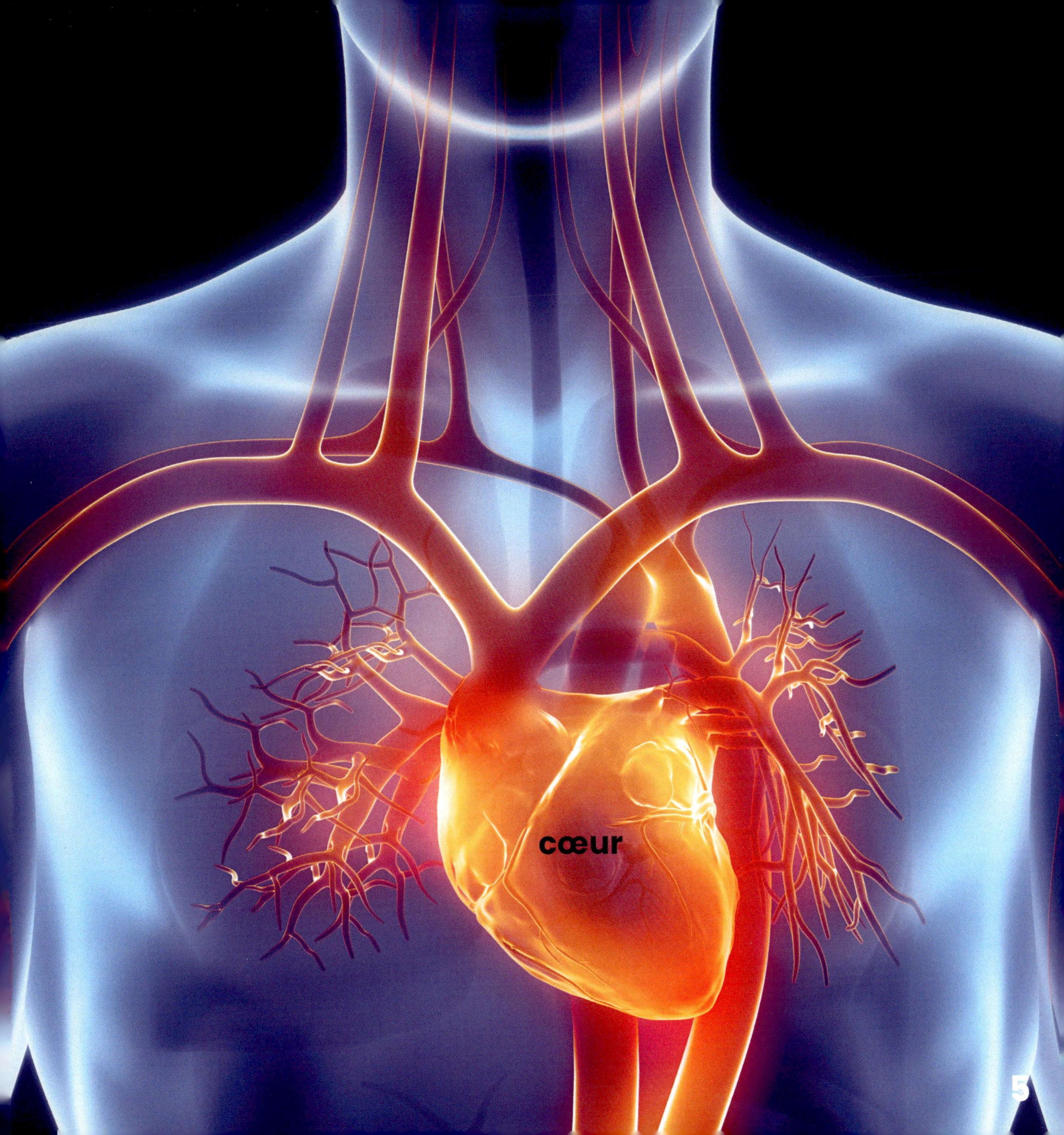
cœur

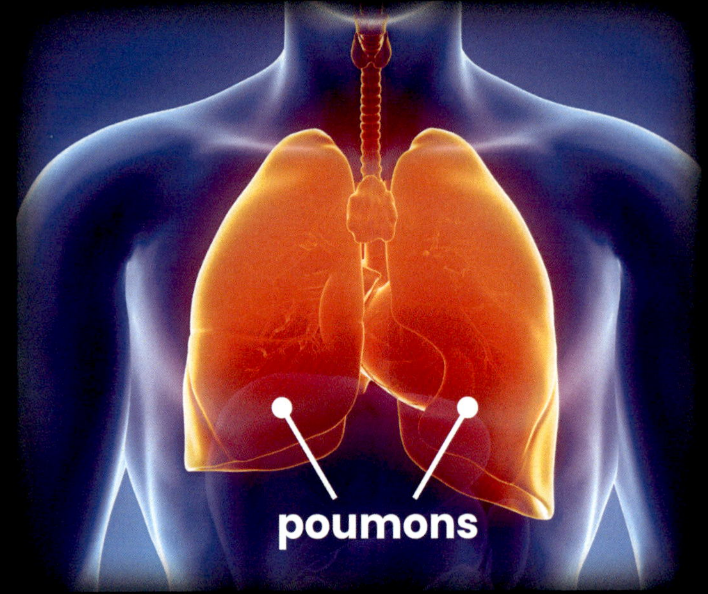

Nous utilisons nos poumons pour respirer.

Notre cerveau contrôle nos **systèmes corporels** et tout ce que nous faisons—même quand nous dormons!

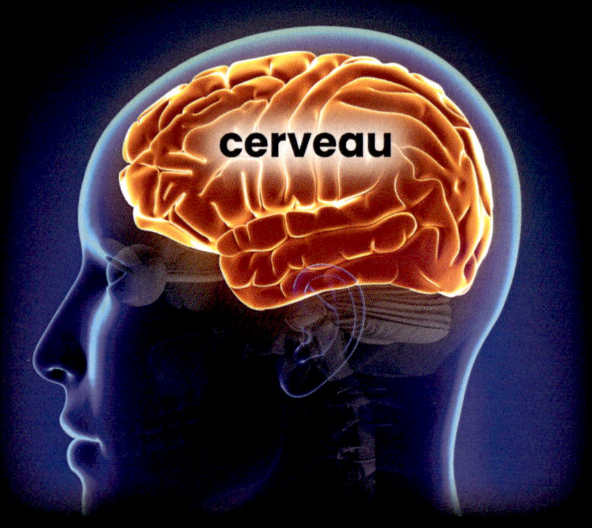

Tous ces organes sont protégés par un squelette.

Le crâne protège notre cerveau.

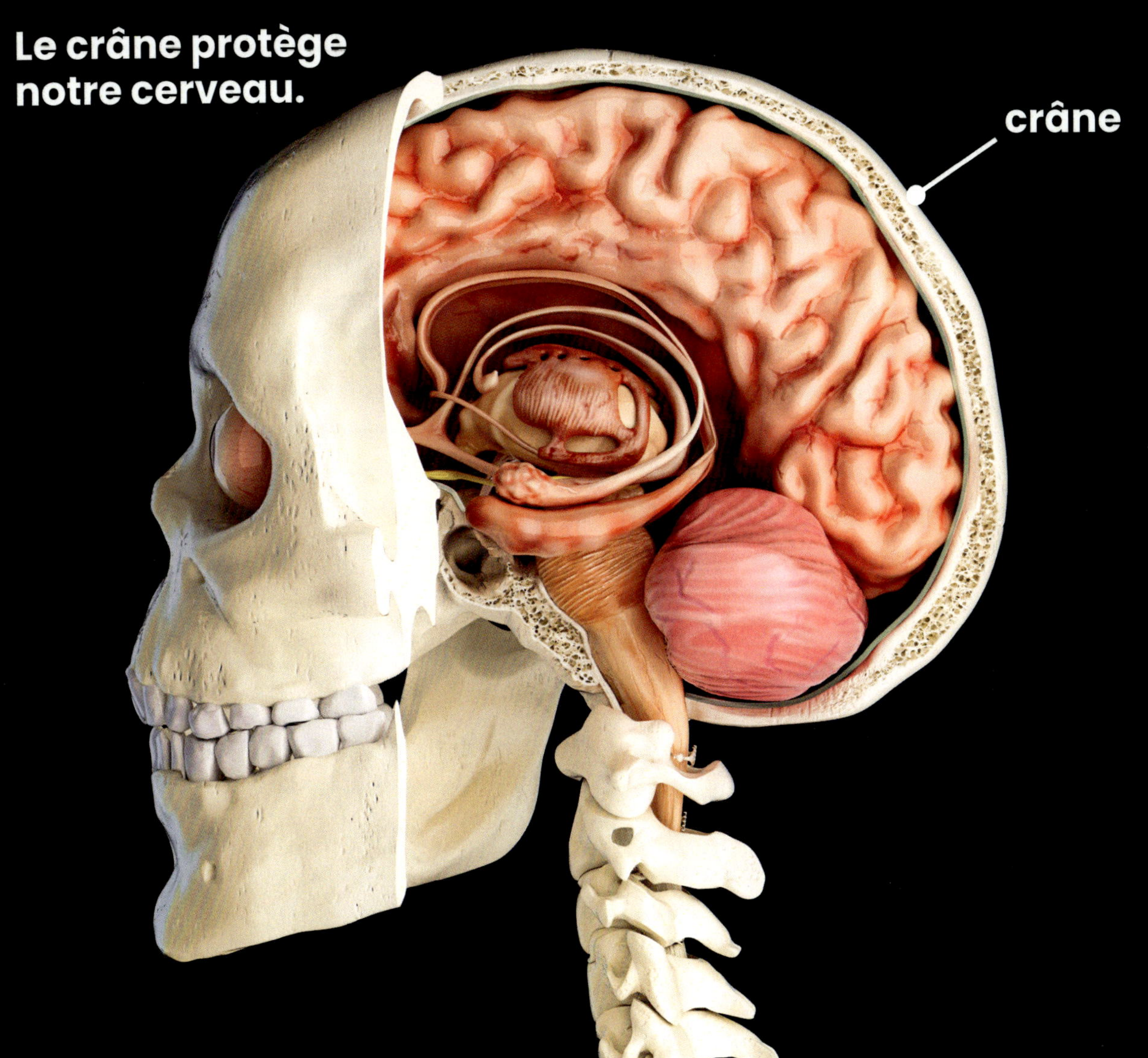

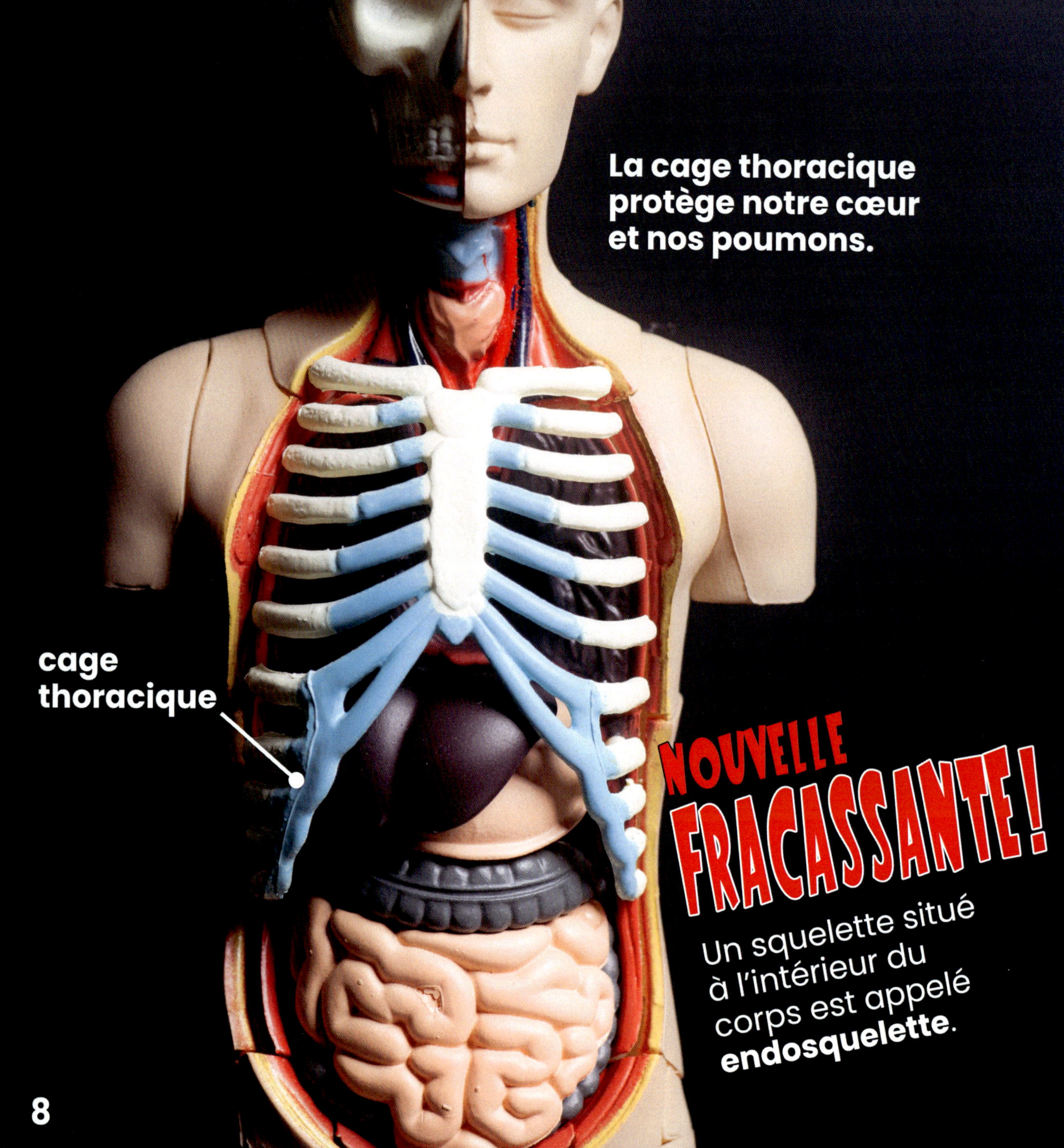
La cage thoracique protège notre cœur et nos poumons.
cage thoracique
NOUVELLE FRACASSANTE!
Un squelette situé à l'intérieur du corps est appelé **endosquelette**.

Sans squelette, nous n'aurions aucun tonus.

Nous serions incapables de bouger.

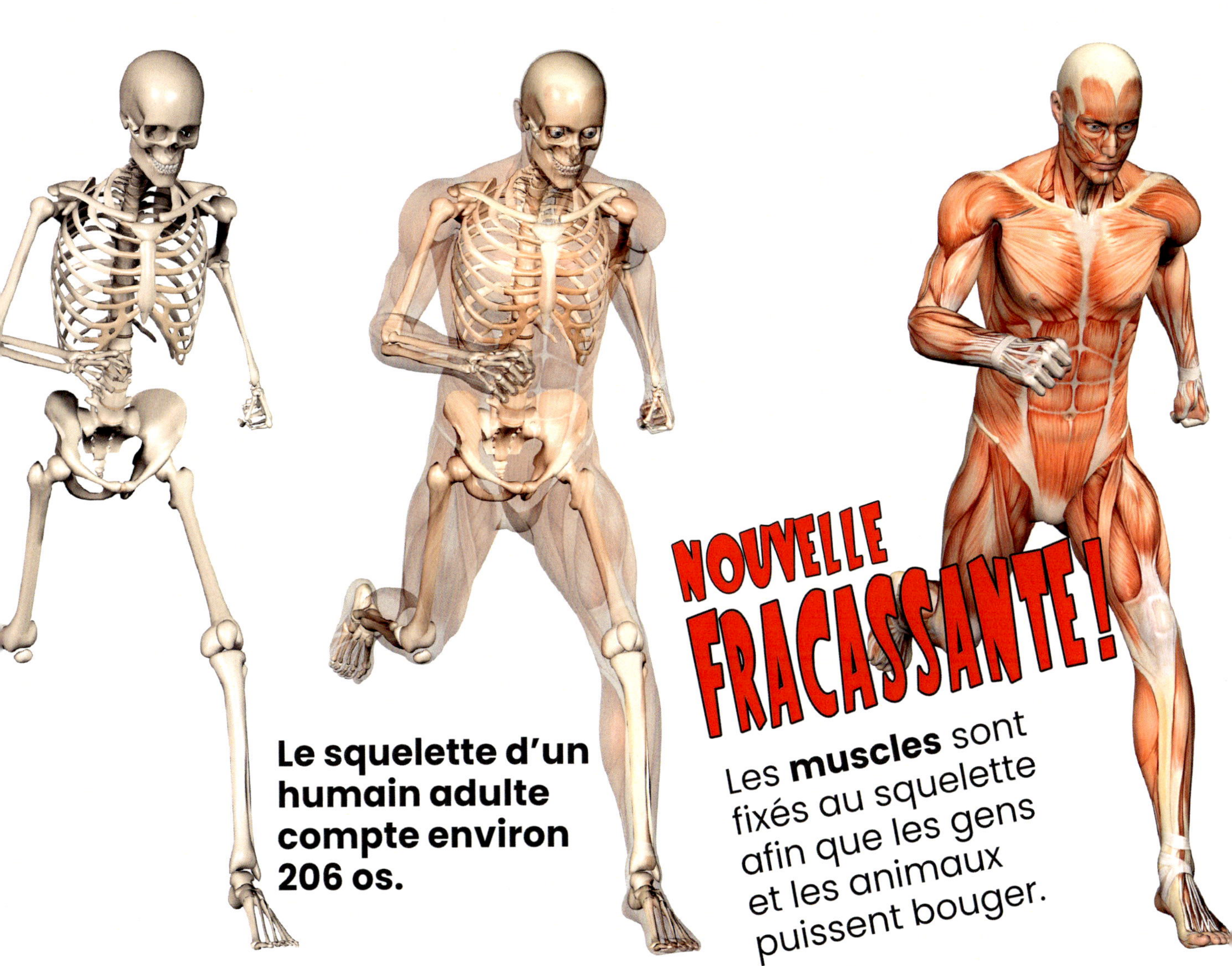

Le squelette d'un humain adulte compte environ 206 os.

Les **muscles** sont fixés au squelette afin que les gens et les animaux puissent bouger.

DEUX TYPES DE SQUELETTES

Les humains et plusieurs animaux ont un endosquelette. La plupart des autres animaux ont un **exosquelette**.

NOUVELLE FRACASSANTE!

Une tortue a un endosquelette ET un exosquelette.

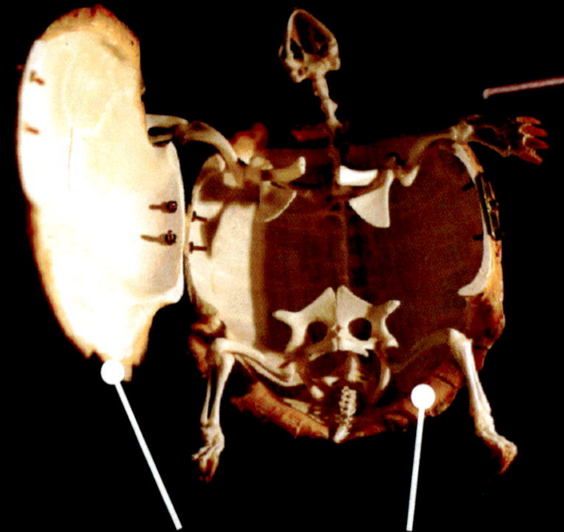

La tortue utilise sa carapace comme un exosquelette pour protéger les parties les plus molles de son corps.

Les insectes, les araignées, les crabes, les homards et les crevettes ont un exosquelette. Tu peux voir les exosquelettes.

Les pieuvres, les méduses et les vers de terre sont des animaux qui n'ont pas de squelette. Ces animaux n'ont pas besoin de squelette pour soutenir leur corps.

L'eau soutient le corps de la pieuvre sans os.

La terre soutient le corps du ver sans os.

DEVINE À QUI APPARTIENT CE SQUELETTE!

Les humains et les animaux ont une apparence différente à l'extérieur. Nos squelettes sont différents aussi! Regarde attentivement les pages suivantes. Peux-tu deviner à quel animal appartient chaque squelette?

QUI SUIS-JE?

Indices :

1. J'ai une énorme bouche et ma peau ressemble à celle d'un éléphant.
2. Je mange uniquement des plantes, mais je suis très lourd.
3. Je suis un très bon nageur.

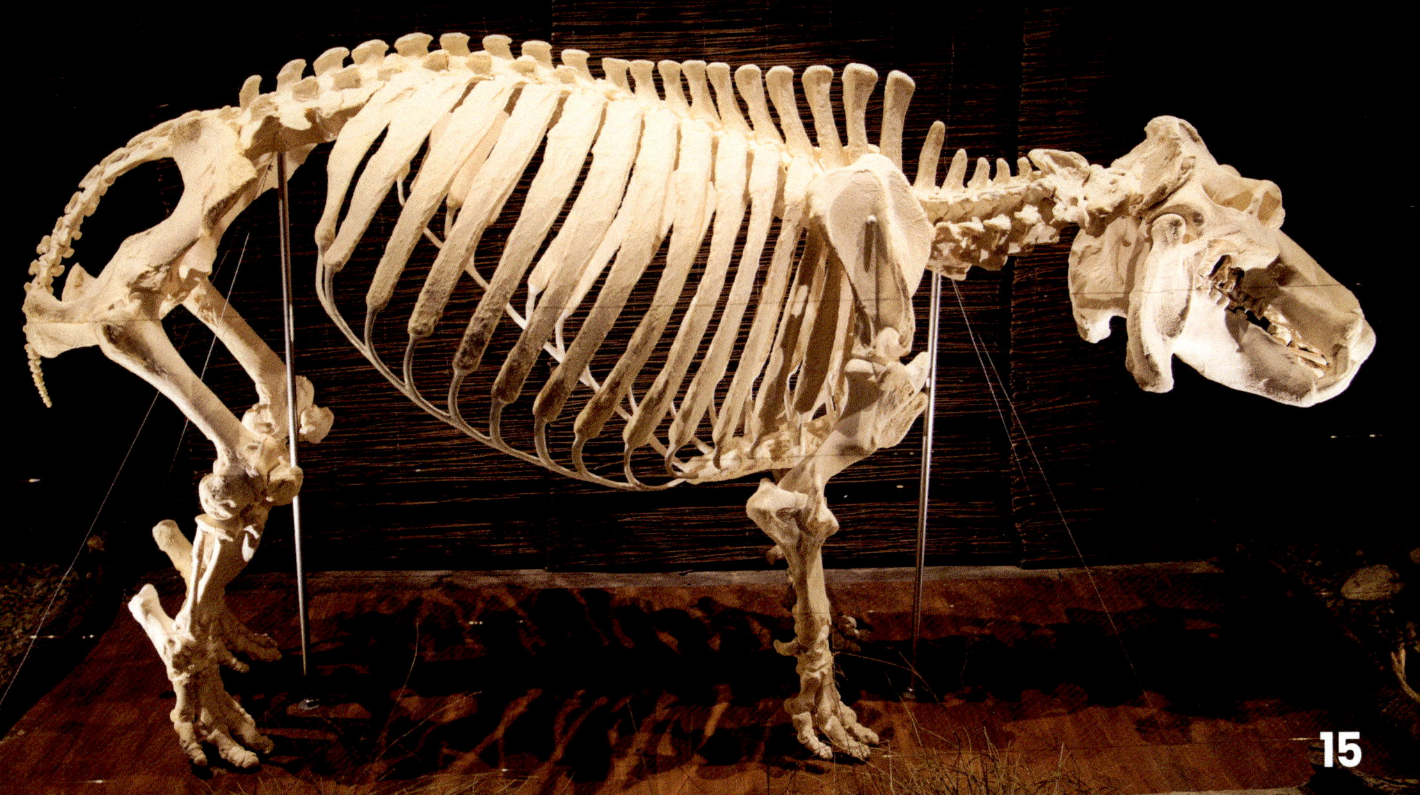

JE SUIS UN HIPPOPOTAME.

QUI SUIS-JE?

Indices :

1. J'ai un pelage doux et une longue queue.
2. Je suis **carnivore**.
3. Beaucoup de gens m'aiment comme animal de compagnie.

JE SUIS UN CHAT.

QUI SUIS-JE?

Indices :

1. Je suis un **amphibien** avec des yeux globuleux.
2. Je suis un excellent sauteur.
3. J'étais un têtard.

JE SUIS UNE GRENOUILLE.

QUI SUIS-JE?

Indices :

1. J'ai des ailes, mais je suis un mammifère.
2. Je dors la tête en bas.
3. Certains pensent que je suis effrayante, mais intéressante!

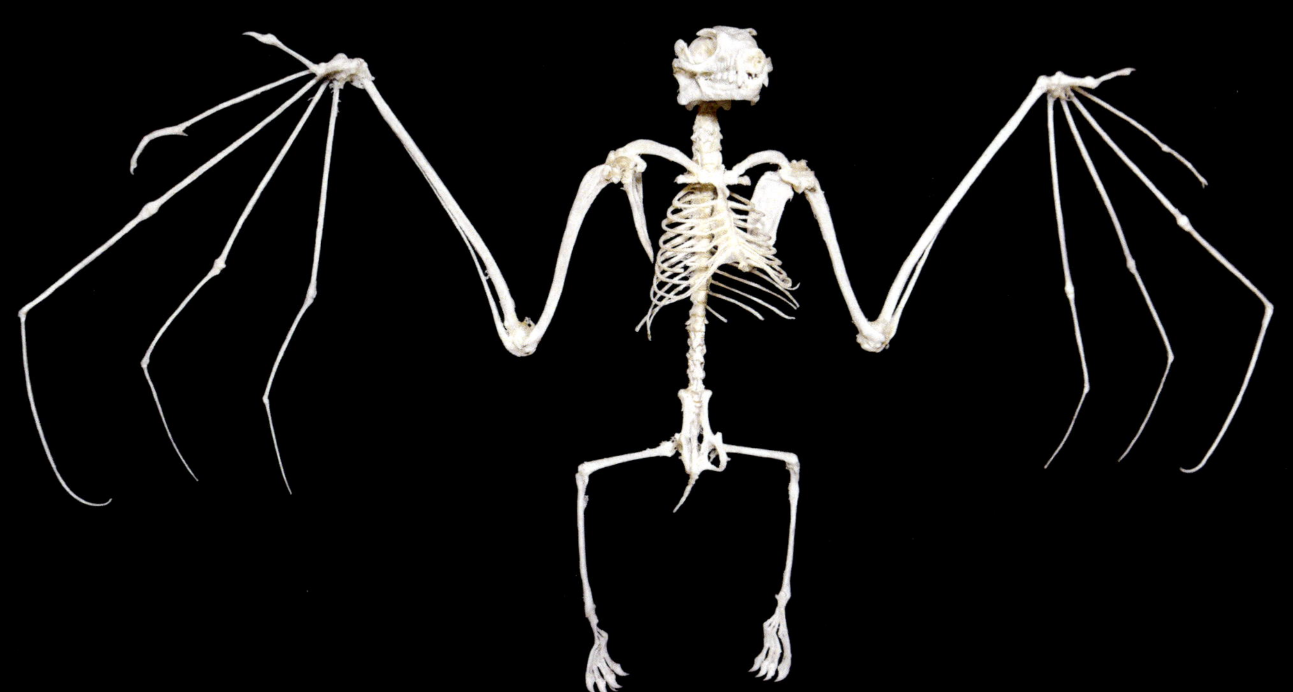

JE SUIS UNE CHAUVE-SOURIS.

Les squelettes peuvent avoir l'air effrayants. Mais la façon dont ils nous aident à courir, à sauter, à grimper ou à nager les rend très intéressants.

Glossaire

amphibien (an-fi-bi-in) : Un animal à sang froid avec une colonne vertébrale, qui vit sur la terre et dans l'eau

carnivore (kar-ni-vor) : Un animal qui mange uniquement de la viande

endosquelette (an-do-ske-lète) : Un squelette qui est à l'intérieur du corps

exosquelette (exo-ske-lète) : Un squelette qui est à l'extérieur du corps

muscles (musskl) : Les parties de ton corps qui sont fixées à ton squelette et qui t'aident à bouger

systèmes corporels (siss-tèm kor-po-rèl) : Groupes d'organes qui travaillent ensemble pour effectuer différentes fonctions

Index

Soutien de l'école à la maison pour les parents, les gardiens et les enseignants

Ce livre aide les enfants à se développer grâce à la pratique de la lecture. Voici quelques exemples de questions pour aider le lecteur ou la lectrice à développer ses capacités de compréhension. Les suggestions de réponses sont indiquées en rouge.

Avant la lecture

- **De quoi ce livre parle-t-il?** *Je pense que ce livre parle de l'Halloween. Je pense que ce livre parle des animaux qui ont un squelette.*
- **Qu'est-ce que je veux apprendre sur ce sujet?** *Je veux savoir si tous les animaux ont un squelette. Je veux apprendre comment les animaux sans squelette se déplacent d'un endroit à un autre.*

Pendant la lecture

- **Je me demande pourquoi...** *Je me demande pourquoi le squelette de certains animaux est à l'extérieur de leur corps. Je me demande pourquoi le squelette des humains a un si grand nombre d'os.*
- **Qu'est-ce que j'ai appris jusqu'à présent?** *J'ai appris que les muscles sont fixés au squelette afin que les gens et les animaux puissent bouger. J'ai appris que la tortue a à la fois un endosquelette et un exosquelette.*

Après la lecture

- **Nomme quelques détails que tu as retenus.** *J'ai appris que sans squelette, les gens n'auraient pas de tonus et ne pourraient pas bouger. J'ai appris que le squelette d'un humain adulte compte environ 206 os.*
- **Lis le livre à nouveau et cherche les mots du glossaire.** *Je vois le mot* ***endosquelette*** *à la page 8 et le mot* ***exosquelette*** *à la page 10. Les autres mots du glossaire se trouvent à la page 23.*

Crabtree Publishing

crabtreebooks.com 800-387-7650

Version imprimée du livre produite conjointement avec Blue Door Education en 2021.

Auteur : Alan Walker
Traduction : Annie Evearts
Coordinatrice à l'impression : Candice Campbell

Paperback	978-1-0396-0840-5
Ebook (pdf)	978-1-0396-0852-8
Epub	978-1-0396-0864-1
Read-along	978-1-0398-0342-8
Audio book	978-1-0396-6673-3

Imprimé aux États-Unis/CP122025

Publié au Canada par Crabtree Publishing
616 Welland Avenue
St. Catharines, Ontario
L2M 5V6

Publié aux États-Unis par Crabtree Publishing
347 Fifth Avenue
Suite 1402-145
New York, NY 10016

Références photographiques : Couverture (crâne) ©Shutterstock.com/Matis75, (coquerelles) ©Shutterstock.com/fotorawin. Page de titre : shutterstock.com/ Bildagentur Zoonar GmbH. p. 2 ©Shutterstock.com/Ezume Images. p. 5, 6 (poumons) ©Shutterstock.com/CLIPAREA l Custom media, p. 6 (cerveau) ©Shutterstock.com/decade3d - anatomy online, p. 7 ©Shutterstock.com/ Matis75, p. 8 ©Shutterstock.com/yurchello108, p. 9 ©Shutterstock. com/Linda Bucklin, p. 10 ©Shutterstock.com/77Ivan, p. 11 ©Shutterstock.com/Mark Van Scyoc, p. 12 ©Shutterstock.com/Kondratuk Aleksei, p. 13 © Shutterstock.com/ schankz, p. 15 ©Shutterstock.com/IDostal, p. 16 © Shutterstock.com/Edgieus, p. 17 © photowind, p. 18 ©Shutterstock.com/Seregraff, p. 19 ©Shutterstock.com/ revers, p. 20 ©Shutterstock.com/Anneka, p. 21 ©Shutterstock.com/JAH, p. 24 © Shuterstock.com/ FJAH

Catalogage avant publication de Bibliothèque et Archives Canada
Titre: Des squelettes / Alan Walker ; texte français d'Annie Evearts.
Autres titres: Skeletons. Français.
Noms: Walker, Alan (Écrivain pour la jeunesse), auteur.
Description: Mention de collection: Effrayants mais intéressants | Les jeunes plantes de Crabtree | Traduction de : Skeletons. | Comprend un index.
Identifiants: Canadiana (livre imprimé) 20210286008 | Canadiana (livre numérique) 20210286016 | ISBN 9781039608405 (couverture souple) | ISBN 9781039608528 (HTML) | ISBN 9781039608641 (EPUB)
Vedettes-matière: RVM: Squelette—Ouvrages pour la jeunesse. | RVMGF: Documents pour la jeunesse.
Classification: LCC QL821 .W3514 2022 | CDD j573.7/6—dc23